# LA CRÉATION

### D'UNE

# COUR D'APPEL A CONSTANTINE

# RAPPORT

## DE M. G. GRASSET

### AU CONSEIL MUNICIPAL

CONSTANTINE

IMPRIMERIE TYPOGRAPHIQUE ET LITHOGRAPHIQUE L. POULET

*6, Rue de France, 6*

1898

CONSEIL MUNICIPAL DE CONSTANTINE

# LA CRÉATION

D'UNE

# COUR D'APPEL A CONSTANTINE

# RAPPORT

## DE M. G. GRASSET

### AU CONSEIL MUNICIPAL

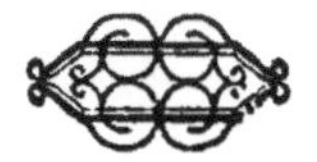

CONSTANTINE

IMPRIMERIE TYPOGRAPHIQUE ET LITHOGRAPHIQUE L. POULET

6, Rue de France, 6

1898

ALGÉRIE

Département de Constantine

VILLE DE CONSTANTINE

MAIRIE

CONSEIL MUNICIPAL

Séance du 25 Avril 1898

OBJET :

CRÉATION D'UNE COUR D'APPEL
A CONSTANTINE

Rapport de M. Grasset

# EXTRAIT

DU

## REGISTRE DES DÉLIBÉRATIONS

du Conseil municipal de la Ville de Constantine
pour l'année 1898

*L'an mil huit cent quatre-vingt-dix-huit et le 25 Avril à cinq heures du soir, le Conseil municipal de la ville de Constantine est réuni dans la salle habituelle de ses délibérations, par convocation de M. le Maire,*

**SONT PRÉSENTS :**

*MM. Mercier, maire, président ; Christofle, 1er adjoint ; Vars, 2e adjoint ;*

*MM. Morinaud, Pinget, Communeau, Battarel, Dessens, Meyer, Viano, Laumet, Laurès, Matt, Grasset, Hilst, Leroy, Martin, Joffre, Bruat, Andréoletti, conseillers français ;*

*MM. Morsly, adjoint indigène ; Hamida ben Badis, Mohamed ben Souiki, Abdelkrim ben Bachtarzï, conseillers indigènes ;*

**SONT ABSENTS :**

*MM. Masson, Bouisson, Delozanne, Colombet, Prévost, Réjou, Allaoua ben Boucherit (excusés) ; Dumonteil, sans motif connu.*

*M. le Maire déclare la séance ouverte :*

*M. Grasset, chargé par le Conseil municipal de présenter son rapport sur l'opportunité de la création d'une Cour d'appel à Constantine, donne lecture du rapport suivant :*

# RAPPORT DE M. G. GRASSET

Messieurs,

La question qui vous est soumise n'est pas nouvelle. Il y a de longues années déjà que des vœux ont été émis par les Conseils généraux et municipaux des départements d'Oran et de Constantine en faveur de la création de deux Cours d'appel dont le siège serait à Constantine et à Oran.

Les Barreaux de ces deux villes avaient également et d'une manière constante demandé cette création.

Dans un excellent mémoire paru en 1885, Me Rouire, avocat à Oran, établissait déjà, à l'aide des statistiques officielles des années 1881-82-83, l'impossibilité pour la Cour d'appel d'Alger de suffire à son énorme tâche.

M. le sénateur Isaac, au nom de la Commission chargée par le Sénat de l'étude des questions algériennes, concluait, dans un long et remarquable rapport, à la délégation à Oran et à Constantine de deux Chambres d'appel qui continueraient à faire partie de la Cour d'Alger.

Enfin, l'an dernier, M. Jacques, ancien avocat-défenseur, sénateur du département d'Oran, présentait au Sénat une proposition de loi relative à l'inamovibilité de la magistrature algérienne et à la création de Cours d'appel à Oran et à Constantine.

Cette proposition fut renvoyée par la haute Assemblée à la Commission de législation et d'organisation des divers Services en Algérie.

Nous n'avons pas à nous occuper ici de l'inamovibilité de la magistrature algérienne.

Sur ce point, d'ailleurs, nous sommes tous d'accord ; l'inamovilité est ou n'est pas une garantie essentielle pour le juge et le justiciable.

Dans le premier cas, appliquée en France, elle doit l'être *a fortiori* en Algérie. — Dans le second, qu'on la supprime dans la métropole. L'inamovibilité ne remédie pas à tout. Elle défend le magistrat contre les caprices du Pouvoir, et c'est déjà quelque chose ; elle ne saurait le défendre contre ses faiblesses ou ses passions personnelles. Il n'a plus à redouter le Gouvernement, mais il peut encore espérer en lui. L'inamovibilité ne résout point le problème, elle le simplifie seulement ; cette simplification est un progrès : y revenir et la supprimer constituerait une erreur, constaterait un recul et livrerait sans merci ceux qui nous jugent à ceux qui tour à tour nous gouvernent. Si donc, en France, et faute de mieux, le principe s'impose, que sera-ce en Algérie où la magistrature se trouve en contact permanent avec une Administration toute-puissante, sans contrôle effectif et sérieux ; avec une Représentation législative dès longtemps accoutumée à briser les résistances, à imposer à tous ses choix et ses volontés !...

MM. Jacques et Isaac, tous deux partisans de l'inamovibilité de nos magistrats algériens, « tombaient aussi d'accord « sur la nécessité de procéder à une répartition de la juridic- « tion d'appel entre les trois départements de l'Algérie, » mais ils différaient sur le mode d'exécution. M. Jacques, avec l'expérience du vieil algérien et la compétence spéciale qu'il devait à sa profession, réclamait, au lieu de délégations de la Cour d'Alger à Oran et à Constantine, l'institution de deux Cours d'appel siégeant chacune dans ces deux villes.

Il exposait avec beaucoup de raison que la Cour d'appel d'Alger qui, au moment de sa création, n'avait dans son ressort que quatre Tribunaux, en comprenait actuellement vingt-deux, venait immédiatement après la Cour de Paris et laissait loin derrière elle les Cours de la métropole avec un chiffre d'affaires s'élevant, en 1892, à 2,631 ; — à 3,046 en 1893 ; — à 2,792 1894.

La Cour de Douai, qui occupe le premier rang après la Cour de Paris, n'avait été saisie, en effet, pour la moyenne des mêmes années, que de 1,658 affaires ; celle de Rouen, de 1,629 ; celle de Lyon, de 1,222 ; celle de Rennes, de 1,148 ; celle de Bordeaux, de 1,136 ; celle d'Aix, de 1,072 ; celle de Pau, de 385 ; celle de Bourges, de 341 ; celle de Chambéry, de 275 ; celle de Bastia, de 260.

L'honorable sénateur constatait qu'avec ses quatre Chambres, la Cour d'appel d'Alger ne pouvait suffire à un pareil travail « et que chaque année, elle laissait un arriéré de 4 ou 500 « affaires parmi les plus importantes et les plus longues à ju- « ger. » — Il faisait observer que les chefs de la Cour saisissaient toutes les occasions pour faire ressortir combien la tâche était lourde et demander « la création d'une 5ᵉ Chambre. » Tout dernièrement encore, le 9 décembre 1896, M. Dedreuil-Paulet, qui présidait l'audience solennelle d'installation du Premier Président et du Procureur Général, récemment nommés, s'exprimait ainsi :

Sur tous les points de ce vaste pays, éclatent et s'agitent des antagonismes de nationalités, de haines de religion et de races, des rivalités d'intérêts de toutes sortes. — Des législations d'origines diverses s'y disputent les personnes et le sol. — L'interprétation des textes est laborieuse et leur application difficile. — Cette situation si complexe, le flot grandissant des affaires, condamnent nos magistrats à des travaux surhumains. Leur labeur est incessant, sans trêve, ni repos. Les forces s'épuiseraient à en supporter le poids, si le sentiment du devoir ne relevait les courages.

De son côté, M. le premier Président, après avoir fait plusieurs citations du rapport de M. Isaac, concernant le labeur des magistrats d'Algérie, mis en regard de celui des magistrats de France, reproduisait ces lignes, extraites de la page 146 :

De toutes façons, il est constaté que la Cour d'Alger, en l'état actuel des choses, ne peut plus suffire à son énorme tâche.

Et M. Jacques continuait en remarquant que « le flot grandissant des affaires, » dont parlait si éloquemment M. le président Dedreuil-Paulet, n'avait cessé de monter ; que pendant les années 1892, 1893, 1894, la Cour d'Alger avait été saisie de 8,469 affaires, ce qui donne une moyenne de 2,823 affaires par an, soit une augmentation chaque année, depuis 1885, de près de 800 affaires ; « tandis que la population augmentait, pendant le même espace de temps, de un million cent dix-neuf mille habitants ! »

La création d'une 5e Chambre à la Cour d'appel d'Alger, outre qu'elle contribuerait à fortifier et affermir une centralisation aussi fâcheuse qu'excessive, ne serait, on peut d'ores et déjà s'en convaincre, qu'un palliatif absolument dérisoire.

L'exposé des motifs, si fortement documenté, qui précède le projet de loi déposé par M. Jacques, contient, à cet égard, d'irréfutables données.

Le tableau des distances que les justiciables des départements d'Oran, de Constantine et de la Tunisie sont obligés de parcourir pour se rendre à Alger est, en dehors de toutes autres considérations, particulièrement instructif :

# Département d'Oran

D'Oran à Alger, 421 kilomètres. — La durée du trajet, en chemin de fer, est de 12 heures, à une heure près. Même durée que pour se rendre de Paris à Marseille.

De Mostaganem à Alger, 357 kilomètres. — La durée du trajet est de 12 heures.

De Mascara à Alger, 421 kilomètres. — La durée du trajet est de 13 heures.

De Sidi-bel-Abbès à Alger, 452 kilomètres. — La durée du trajet est de 14 heures.

De Tlemcen à Alger, 559 kilomètres. — La durée du trajet est de 16 heures.

## Département de Constantine

De Constantine à Alger, 464 kilomètres. — La durée du trajet est de 16 heures.

De Batna à Alger, 507 kilomètres. — La durée du trajet est de 18 heures.

De Bône à Alger, 667 kilomètres. — La durée du trajet est de 24 heures.

De Philippeville à Alger, 551 kilomètres. — La durée du trajet est de 20 heures.

De Sétif à Alger, 308 kilomètres. — La durée du trajet est de 11 heures.

De Guelma à Alger, 578 kilomètres. — La durée du trajet est de 19 heures.

De Bougie à Alger, 171 kilomètres. — La durée du trajet est de 10 heures.

## Tunisie

De Tunis à Alger, 927 kilomètres. — La durée du trajet est de 34 heures.

De Sousse pour se rendre à Tunis, il y a une traversée de 11 heures, plus 927 kilomètres de Tunis à Alger. — La durée du trajet est de 47 heures.

———

Dans ces conditions, conclut M. Jacques, les justiciables renoncent souvent à recourir au second degré de juridiction. Les dépenses du voyage, les frais d'un séjour plus ou moins prolongé dans la capitale algérienne, l'obligation de s'adresser à un nouvel avocat, avec les conséquences pécuniaires de cette obligation, sont de nature à décourager les plaideurs pauvres ou malaisés, dont les intérêts, cependant aussi respectables que les autres, ont un droit égal à la protection des lois et doivent bénéficier, non pas en théorie seulement, mais d'une manière effective, du deuxième degré de juridiction.

Et qu'on ne parle pas ici de l'assistance judiciaire, car personne n'ignore que la loi de 1851 ne s'applique et ne peut s'appliquer qu'aux cas d'indigence officiellement constatée et vérifiée.

La situation actuelle qui, dans le domaine des affaires civiles ou commerciales, peut causer déjà bien du mal, apparaît encore plus grave au petit criminel.

Le condamné laissé en liberté, fait observer encore le sénateur d'Oran, doit, aux termes de la loi, se présenter en personne devant la Cour d'appel. Bien peu se décident à recourir à ce moyen onéreux, sans compter ceux qui, ayant fait appel, y renoncent et se laissent condamner par défaut, n'ayant pas de ressources suffisantes pour faire face aux dépenses. A leur arrivée à Alger, s'ils veulent et peuvent se défendre, ils sont obligés de s'adresser à un nouvel avocat qui, n'ayant pas, comme celui de première instance, entendu les dépositions des témoins, assisté aux incidents d'audience, doit s'en rapporter aux notes du greffier, plus ou moins bien tenues, souvent incomplètes..., et lorsqu'il demande un supplément d'enquête, il ne l'obtient presque jamais, à cause de l'éloignement des témoins et des frais de leur voyage à Alger aller et retour. Si le jugement est infirmé et si la condamnation est inférieure à un an de prison, le condamné est conduit au chef-lieu de son département en parcourant le même nombre de kilomètres, dans les mêmes conditions. — En cas d'acquittement, les portes de la prison s'ouvrent devant des malheureux qui, jetés dans une ville où ils ne connaissent le plus souvent personne, sans argent et sans moyens de s'en procurer, même par le travail, éloignés de leur résidence de plusieurs centaines de kilomètres, se voient obligés de parcourir à pied, par étapes, en état de vagabondage, réduits à mendier, le chemin qui les sépare de leur demeure.

En matière criminelle, la situation des accusés et des parties civiles des départements d'Oran et de Constantine, dont les dossiers ont été transmis à la Chambre des mises en accusation à Alger, est également bien digne d'intérêt. Ils ne peuvent, à moins de constituer un avocat à Alger et de faire le voyage pour lui fournir tous renseignements nécessaires, bénéficier des dispositions de l'article 217 du Code d'instruction criminelle. Enfin, ces longs voyages en permanence pour le transport des condamnés en état de détention et des condamnés en matière criminelle pour l'entérinement des lettres de grâce ont pour effet d'occuper un grand nombre de gendarmes dont le temps serait bien mieux employé à surveiller les routes et à se mettre à la poursuite des criminels.

Nous avons reproduit *in extenso* ce très éloquent passage de l'exposé des motifs du projet de loi de M. Jacques parce qu'il résume, à notre avis, aussi fidèlement que possible un état de choses extrêmement fâcheux et auquel il n'est que temps de porter remède. Cette situation, M. Isaac, dans son court passage en Algérie, avait eu le temps de l'entrevoir, et son rapport la signale ; mais il nous sera permis, en rendant hommage à sa perspicacité, d'affirmer que, n'ayant pas envisagé le mal dans toute son étendue, il lui était difficile d'y apporter une guérison efficace et complète. Sans doute, l'idée de déléguer à Constantine et Oran des Chambres d'appel détachées de la Cour d'Alger prouve tout au moins que la Commission et son rapporteur se sont rendus un compte assez exact des obstacles qui entravaient en ce pays l'œuvre de la justice civile et criminelle.

Toutefois, à côté du progrès réalisé par cette innovation, des difficultés qu'elle aplanirait partiellement, des injustices forcées qu'elle atténuerait, elle présenterait, au point de vue de la marche du Service judiciaire, les inconvénients les plus graves. Ces inconvénients, M. Jacques les a également indiqués dans son exposé. On a peine, comme lui, à s'imaginer un Premier Président et un Procureur Général domiciliés à près de 500 kilomètres des Chambres d'appel déléguées. L'impossibilité de conférer avec les magistrats composant ces délégations, avec les Présidents d'Assises, l'obligation de traiter toute question par correspondance avec les chefs de ce personnel « détaché » qui, de leur côté, n'auraient qu'une insuffisante autorité sur leurs collègues, le nombre toujours croissant des affaires dont les délégations auraient à connaitre, doivent, dans l'opinion du sénateur d'Oran et aussi dans la nôtre, faire écarter le système préconisé par M. Isaac.

Nous ne voulons en retenir que la constatation par la Commission du Sénat et son éminent rapporteur des difficultés inextricables et du dommage réel et grave qu'amène et qu'entrainera toujours fatalement la centralisation à Alger de tous les Services judiciaires de la Colonie.

M. Jacques qui propose la création à Constantine d'une

Cour d'appel composée de deux Chambres, a prévu dans son projet que la Tunisie ressortirait à cette Cour.

Nous estimons et n'aurons pas de peine à démontrer qu'en dehors même de l'adjonction de la Tunisie à notre future Cour d'appel, il serait difficile que cette Cour ne fût pas composée de deux Chambres.

Mais si la Tunisie doit nous être rattachée, ce qui est vraisemblable et semble rationnel, il est aisé de voir qu'une seule Chambre d'appel ne pourrait suffire pour un ressort comprenant la Tunisie et le département de Constantine, c'est-à-dire une superficie de près de trois cent mille kilomètres carrés, plus de quatre millions de justiciables, onze Tribunaux, trois Cours d'Assises et, enfin, de quarante-cinq Justices de paix, placées sous la surveillance et l'autorité de la Cour projetée. Il faut, en conséquence, se rallier au projet de M. Jacques, à savoir :

Création de deux Cours d'appel siégeant l'une à Oran, l'autre à Constantine. La première à laquelle ressortiraient tous les Tribunaux et Justices de paix du département d'Oran et qui n'aurait qu'une seule Chambre. La seconde à laquelle ressortiraient les neufs Tribunaux du département de Constantine et aussi les Tribunaux de Tunisie et de Sousse siégerait au chef-lieu du département.

Sans entrer dans le détail des statistiques, constatons que les Cours ainsi créées occuperaient un rang très honorable parmi celles de la métropole. Le tableau fourni par M. Jacques assigne, eu égard au nombre des affaires, le onzième rang à la Cour d'Alger diminuée de deux Chambres ; le douzième rang à la Cour de Constantine ; le quatorzième rang à la Cour d'Oran.

Nous croyons qu'à l'heure actuelle et après examen des chiffres officiels, que M. Jacques n'avait pu connaître, les trois Cours algériennes occuperaient une meilleure place que celle qu'il a dû (faute de documents non encore parus à l'époque du dépôt de son projet) leur attribuer provisoirement. L'honorable

sénateur, en effet, a basé son travail sur les statistiques anté-
rieures à 1894 et sur cette dernière année. Ses conclusions eussent été différentes s'il avait eu sous les yeux le tableau des années
1895-1896-1897. Cette nouvelle période a été marquée, au civil et au criminel, par un remarquable accroissement du chiffre
des affaires. Nous en citerons au passage un exemple frappant.
Le seul Tribunal correctionnel de Constantine, qui, en 1893,
avait jugé 767 affaires, a vu ce chiffre s'élever, en 1894, à 878,
puis à 885 en 1895. Il atteignait pour 1896 le chiffre de 1,146
et celui de 1,313 pour 1897, c'est-à-dire que dans l'espace de
trois ans, le nombre des affaires correctionnelles a presque dou-
blé. Et cette progression constante, qui ne saurait être attri-
buée, par conséquent, à des causes extraordinaires ou fortuites,
continuera et augmentera sûrement au fur et à mesure que la
Police judiciaire sera fortifiée, dotée d'auxiliaires et d'agents
plus nombreux, de moyens d'action plus efficaces et plus éner-
giques. Les appels correctionnels, qui atteignaient, pour le
même Tribunal, dans l'année 1895, le chiffre de 85, se sont
élevés à 104 en 1896 et à 148 en 1897. La Cour d'appel de
Constantine aurait été, par conséquent, saisie, l'an dernier et
pour le seul Tribunal correctionnel de Constantine, de 148 appels. En évaluant à 90 environ le nombre des appels civils,
nous obtenons un total de 238 affaires auxquelles il faudra
joindre encore les appels des décisions du Tribunal de commerce de Constantine. Si l'on veut bien se souvenir que la Cour
de Bastia connaît, en totalisant les affaires civiles, commerciales, correctionnelles et criminelles, de 260 affaires, celle de
Chambéry, de 275, on en est conduit à cette conclusion que
les seuls Tribunaux de Constantine eussent largement suffi à
alimenter une de ces Cours. Or, il existe, ne l'oublions pas,
dans le département de Constantine, neuf Tribunaux, chiffre
qui serait porté à onze, au cas probable où la Tunisie ressortirait à la nouvelle Cour.

C'est donc, approximativement, plus d'un millier d'affaires dont la Cour de Constantine, sans l'adjonction de la Tunisie, aurait aujourd'hui à connaître.

Ce seul fait, à l'exclusion de tous autres, justifierait amplement la création projetée dans les conditions indiquées au projet de loi de M. Jacques.

La Cour d'Alger, personne ne l'ignore, est opposée à l'institution des Cours d'Oran et de Constantine.

Elle se résignerait plutôt à assumer la responsabilité du travail « surhumain » qui lui incombe et dont elle se plaint par ses voix les plus autorisées, que de voir son importance amoindrie et quelques-uns de ses membres obligés de quitter la capitale algérienne, pour venir résider à Oran et à Constantine. C'est là l'origine, trop intéressée peut-être, des objections que ses chefs ont toujours, avec une remarquable unanimité, opposés au projet de création de deux Cours rivales. Ces objections ne méritent guère qu'on s'y arrêtent, et il est bien difficile de prendre en sérieuse considération les mobiles qui les ont inspirées. Les avantages réels pour trois demi-douzaines de magistrats d'une résidence agréable doivent évidemment passer après l'intérêt des justiciables et la bonne marche du Service judiciaire en Algérie.

Oran est une grande ville dont la population atteint presque et dépassera celle d'Alger dans un avenir prochain. Constantine a une population de près de 50,000 âmes, inférieure sans doute à celle d'Alger, mais n'offrant pas les mêmes et parfois bien dangereux mélanges : les étrangers et les nomades n'y figurent que pour une part infime et négligeable.

L'élément européen y est presque exclusivement français. Il y a dans ces données statistiques de précieuses consolations à l'adresse des hauts magistrats algérois que le hasard des mouvements judiciaires ou la fortune ennemie jetteraient sur le rivage oranais ou sur le rocher de Cirta. Ces terres d'exil, qui ne sont pas inconnues de la plupart d'entre eux, ne leur seraient pas inhospitalières. D'aucuns retrouveraient là de bons souvenirs et de vieilles amitiés, avec cette sécurité indispensable, à tous égards, à l'exercice normal et régulier de leurs fonctions.

Avons-nous besoin d'ajouter que la commune de Constantine a décidé d'offrir à la nouvelle Cour un local approprié à toutes les exigences du service et digne de l'immense ressort qui doit dépendre de sa juridiction.

Pourquoi vouloir, au surplus, lutter contre la force même des choses, alors que l'œuvre qu'on tente d'enrayer aujourd'hui aboutira fatalement demain ?

M. Jacques fait remarquer avec raison qu'il n'est jamais entré dans l'esprit de personne que la Cour d'Alger était destinée *in æternum* à statuer sur les appels de toute l'Algérie. Dès 1865, l'Empereur Napoléon, dans une lettre citée au rapport de M. Isaac, avait posé les bases de l'institution réclamée depuis bientôt vingt ans pour chacun des trois départements algériens. On ne saurait faire d'une manière générale aux vœux algériens le reproche de n'être pas suffisamment mûris et étudiés. C'est évidemment pour éprouver leur vitalité et leur force de résistance qu'on s'obstine à les laisser vieillir. Depuis 1865, le nombre des justiciables dépendant des Cours projetées, dès cette époque, a augmenté dans des proportions imprévues.

La juridiction des Cours d'Assises de Constantine et de Bône s'étend, défalcation faite des indigènes du territoire militaire, sur plus de seize-cent mille justiciables. Dans le nombre, deux cent mille seulement relèvent, il est vrai, de la Cour d'Assises de Bône. Reste pour la Cour d'Assises de Constantine le chiffre énorme de quatorze cent mille justiciables.

Cette Cour a connu, en 1893, d'après la statistique du Ministère de la Justice, de 185 accusations et jugé 316 accusés ; en 1894, de 164 accusations et jugé 264 accusés ; en 1895, de 139 accusations sur 210 accusés ; en 1896, de 179 affaires sur 210 accusés ; en 1897, de 168 affaires sur 282 accusés.

L'importance de cette Cour dépasse notablement celle des Cours d'Assises d'Oran et d'Alger, et si l'on se reporte aux tableaux dressés pour les Cours de France au Ministère de la Justice, l'on constatera qu'aucune d'elles, en dehors bien entendu, de la Cour de Paris, n'atteint ce chiffre énorme d'affaires. La Cour d'Assises de Constantine tient en moyenne douze sessions par an. Elle en a tenu treize en 1897 ; une session est à peine close qu'une autre session est ouverte. Il faut compter un minimum de 20 affaires par session. La Cour d'Assises de Bône tient quatre sessions ; n.

Il est facile de con. vo : la désorganisation que la quasi-permanence des sessions jette dans le Service judiciaire et combien elle est nuisible à son fonctionnement.

Les Juges du Tribunal civil de Constantine, désignés comme assesseurs des Présidents d'Assises, sont distraits des occupations qui devraient leur être habituelles. Appelés à tout instant d'une juridiction à l'autre, du civil au criminel, ils ne peuvent plus, quelle que soit leur bonne volonté, suivre, avec le même profit pour leurs justiciables et pour eux-mêmes, les travaux de la Chambre à laquelle ils sont attachés au début de l'année judiciaire. L'expédition des affaires subit, malgré les plus louables efforts, des retards forcés ; les procès sont examinés plus vite, car il faut évacuer malgré tout le rôle, et la statistique de fin d'année se dresse menaçante... Qui oserait affirmer que tous les litiges peuvent et doivent, dans ces conditions exceptionnelles, faire l'objet d'une égale étude et d'une même attention ? C'est une situation dont nul n'est, en bonne justice, responsable, mais qui finirait, à la longue, par devenir intolérable à tous. Il semble admis aujourd'hui que les magistrats n'ont pas, du fait seul de leur première installation, la science infuse. Il leur est utile, comme à chacun de nous, de travailler et d'apprendre. Aux connaissances théoriques et aux leçons de l'École, il est indispensable qu'ils puissent joindre insensiblement l'expérience des affaires, des hommes et de la vie ; il est nécessaire, d'un autre côté, qu'ils se familiarisent, d'une manière chaque jour plus intime, avec les choses de leur profession.

Que voulez-vous qu'ils fassent et deviennent, si vous croyez pouvoir, sans inconvénient, les conduire incessamment à travers tous les services ? Cette promenade se changera bientôt en fatigue. Le zèle des néophytes s'attiédira d'abord, puis se refroidira entièrement ; un ennui courtois, mais profond, une lassitude digne et suffisamment voilée, mais intense, s'emparera peu à peu du magistrat jusqu'au moment où le devoir s'appellera corvée.

Quoi qu'on pense à ce sujet, il est bien certain, dans tous les cas, que des obligations aussi variées, d'aussi multiples occupations, sont contraires au bon sens et constituent le plus sérieux obstacle à l'acquisition de ces connaissances techniques, à la naissance de ces « spécialités » qui seront toujours, en dépit de certaines idées courantes, la force et l'honneur d'une compagnie judiciaire, en même temps que la garantie la plus sûre du justiciable.

On ne naît pas magistrat ; on le devient quelquefois. Un des torts du Gouvernement actuel, comme, au reste, de ses prédécesseurs, est d'avoir constamment méconnu cette vérité.

Les chefs de la Cour d'Alger avaient, dès longtemps, senti que les convenances personnelles de quelques conseillers ne pouvaient être mises en balance avec les exigences chaque jour croissantes des devoirs écrasants qui leur incombent. Ils ont cru trouver dans la nécessité de maintenir l'uniformité de la jurisprudence algérienne une forteresse inexpugnable..., un empêchement absolu à la création de deux Cours rivales de celle d'Alger. Cet argument a vécu. Personne, d'ailleurs, en Algérie, n'avait pris l'objection au sérieux.

Une seule Cour, a dit excellemment M. le sénateur Isaac, assurerait l'unité de la jurisprudence. On ne s'en est guère aperçu jusqu'à présent. On a vu la même Chambre juger en sens contraire la même question à un mois d'intervalle.

Nous n'y voyons, quant à nous, aucun mal. Cette variété dans les décisions, si elle ne prouve pas un respect trop profond de l'avis des collègues, ni un attachement exagéré à cette manière de tradition qu'il est convenu d'appeler la jurisprudence, laisse supposer des velléités d'indépendance. Un arrêt n'est défendu que par ses considérants ; c'est seulement aussi par là qu'il est vulnérable et qu'il est permis de l'attaquer. La Cour d'Alger a usé largement du droit incontestable qu'elle avait de se déjuger. Les recueils de M. Robe et de l'École de Droit sont édifiants à cet égard. Il arrive assez fréquemment que les deux Chambres civiles de la Cour jugent contrairement des espèces analogues ; que des questions de droit algérien soient, d'autre part, envisagées à un point de vue nouveau ou différent par la Chambre musulmane.

Cette observation, que nous faisons après tant d'autres, après MM. Isaac et Jacques, n'implique aucune pensée de critique. Et si nous avions un regret à exprimer, c'est que le courant trop considérable, trop rapide des affaires, rende à peu près impossible à la Cour une étude doctrinale suffisamment approfondie des questions si délicates, si complexes qui lui sont fréquemment soumises. On lui reproche d'ordinaire, dans le monde du Palais, de se cantonner trop timidement dans le domaine du fait et de n'aborder que rarement de front les difficultés juridiques qu'elle préfère tourner.

Pourquoi essaie-t-on d'oublier, d'ailleurs, en Algérie, l'existence de la Cour de cassation ?

La Cour de cassation statue souverainement en droit sur les pourvois des décisions des deux Chambres civiles. Et si l'on veut bien songer qu'à raison de la complication des intérêts et de la connexité des faits, du conflit des races ou des statuts, les Chambres civiles ont presque toujours à trancher des questions intéressant la législation algérienne ou le droit musulman, il sera permis de découvrir que la Cour de cassation a aussi en matière algérienne sa jurisprudence et qu'elle reste encore à tout prendre, à raison de l'expérience supérieure et de la haute valeur de ses membres, la meilleure et la plus sûre régulatrice du droit algérien. Il est malheureusement très fâcheux, et c'est la grande cause de la rareté des pourvois, que les arrêts de la Cour suprême renvoient forcément, lorsqu'il y a cassation des arrêts d'Alger, les procès devant une Cour de la métropole. Cette obligation entraîne pour les plaideurs des frais nouveaux et élevés ; les fatigues, les ennuis et les dépenses d'un long et coûteux voyage. Ces déplacements, extrêmement onéreux, seraient évités s'il existait plusieurs Cours en Algérie.

Nous ne voulons qu'effleurer au passage l'institution de la Chambre dite de révision, dont l'emploi est tenu à la Cour par la première Chambre civile.

L'article 52 du décret du 25 mai 1892 limite les attributions de cette Chambre aux affaires intéressant les statuts personnel et successoral musulmans et les coutumes indigènes. De plus, cette Chambre qui, à l'instar de la Cour de Cassation, ne juge qu'en droit, ne peut être saisie que du chef du Procureur Général.

L'accès en est interdit aux profanes, c'est-à-dire aux parties en cause. La Cour suprême est aussi libéralement ouverte aux plaideurs que le comporte la nature de ses travaux ; ceux auxquels se livrent de loin en loin les magistrats algérois de la Chambre de révision sont évidemment d'une autre portée, d'un ordre tout à fait exceptionnel et d'une essence intellectuelle supérieure. Le Procureur Général, absorbé par l'écrasante besogne quotidienne, la surveillance et la direction de son immense ressort, est très excusable de ne prêter qu'un vague intérêt à l'ordre de questions très limitées dont il a mission de saisir la Chambre. En fait, il n'abuse pas du privilège singulier et vraiment exorbitant que lui octroie le décret de 1892. Il s'est pourvu deux fois en 1892, quatre fois en 1893 ; mais cet effort était excessif, et, en 1894, remarque M. le sénateur Jacques, il n'y a pas eu le moindre pourvoi.

Cette organisation bizarre de la Chambre de révision algérienne serait due, nous dit-on, à un ancien Procureur Général devenu législateur et dont le cerveau olympien est sans cesse obsédé par l'esprit de réforme. Personne, assurément, ne songera à lui contester l'honneur d'une invention si profondément originale, marquée d'une empreinte si personnelle et en aussi parfait désaccord avec les notions juridiques les plus généralement acceptées.

Le respect de ces principes élémentaires et si odieusement anciens à la vérité exigerait sans doute impérieusement la disparition immédiate de cette haute fantaisie judiciaire.

Si, toutefois, la Chambre de révision inventée par M. Flandin devait demeurer comme le symbole d'une suprématie à laquelle la Cour d'Alger paraît extraordinairement attachée, nous n'apercevons, pas plus que M. Jacques, l'inconvénient de laisser vivre une institution digne en tous points de faire envie à un habitant du Céleste Empire.

Toujours d'accord avec elle-même, espérons-le, la Chambre de révision aura l'illusion de maintenir dans une sphère lilliputienne l'unité de jurisprudence tant désirée. Les loisirs ne lui manqueront point pour réaliser partiellement le vœu de la Cour d'Alger et mener à bien une tâche qui n'excédera jamais les forces humaines.

La statistique officielle ne fournit pas le nombre des appels correctionnels par Tribunaux dont la Cour a eu à connaître dans le courant de l'année judiciaire. De renseignements puisés à des sources sûres, il appert qu'il s'élèverait pour les Tribunaux du département de Constantine actuellement à près de 500 appels. Nous ne comprenons pas dans ce chiffre les appels des jugements correctionnels de Tunis et de Sousse. Pour les appels civils des Tribunaux du département de Constantine, il faut compter, en prenant la moyenne des trois dernières années et sans faire entrer la Tunisie en ligne de compte, environ 340 à 350 affaires. En y joignant les appels tunisiens, l'on arriverait certainement à dépasser le chiffre de 500 qui était presque atteint en 1893, d'après la statistique du Ministère de la Justice.

## Année 1893. — APPELS CIVILS

### TRIBUNAUX DU DÉPARTEMENT DE CONSTANTINE

| | |
|---|---:|
| Constantine | 73 |
| Batna | 10 |
| Bône | 55 |
| Bougie | 46 |
| Guelma | 30 |
| Philippeville | 30 |
| Sétif | 34 |
| | 278 |
| Tunis | 150 |
| Sousse | 40 |
| | 468 |

468 appels civils en 1893 pour le département de Constantine et la Tunisie.

Mais ce qu'il importe de remarquer, c'est que le nombre des appels civils et correctionnels augmenterait suivant une progression toujours croissante, à raison des facilités que l'établissement d'une Cour au chef-lieu du département de Constantine offrirait aux justiciables pour aborder le deuxième degré de juridiction.

L'économie à réaliser sur les avances de frais, l'espoir justifié d'une solution plus rapide du litige, l'absence de tout déplacement pour une partie des plaideurs, un déplacement beaucoup moindre ou insignifiant pour l'autre partie amèneraient au civil et au petit criminel des résultats d'une évaluation difficile à l'heure présente, mais qui se résumeraient logiquement et fatalement dans une énorme augmentation du nombre des appels.

Nous venons de développer, un peu longuement peut-être, les considérations si puissantes qui démontrent la nécessité et l'urgence de la création d'une Cour d'appel à Constantine. Nous avons établi, à l'aide de documents officiels, le nombre et l'importance des litiges qui lui seraient soumis. Nous sera-t-il permis d'indiquer au passage l'influence salutaire qu'exercerait, au point de vue social, l'installation à Constantine de hauts magistrats dont la situation élevée, la modération de caractère, la dignité de vie seraient dans un milieu très sain, mais un peu passionné, un exemple, une garantie et un élément précieux d'apaisement.

---

Il nous reste à trouver les ressources nécessaires pour réaliser l'institution projetée. Ces ressources, M. Jacques les a fait connaître dans le projet de loi qu'il a présenté au Sénat. La Cour d'appel d'Alger, actuellement composée de quatre Chambres, figure dans les budgets de 1896 et 1897 pour une somme de 362,200 francs.

Réduite à deux Chambres, elle ne coûterait plus que 202,200 francs. La Cour d'appel de Constantine, avec deux Chambres, occasionnerait la même dépense, sous déduction de 6,000 francs représentant le traitement des assesseurs musulmans supprimés par voie d'extinction (décret du 17 avril 1887), soit 196,500 francs.

La Cour d'appel d'Oran, avec une Chambre, coûterait 136,200 francs.

Les trois Cours réunies coûteraient :

| | | |
|---|---:|---|
| Alger . . . . . . . . . . . . . . . . . . . . . . . . . . . . | 202.500 | » |
| Constantine. . . . . . . . . . . . . . . . . . . . . . . . | 196.500 | » |
| Oran. . . . . . . . . . . . . . . . . . . . . . . . . . . . | 136.200 | » |
| | 535.200 | » |

D'où il y aurait lieu de déduire le crédit actuellement porté au budget pour la Cour d'Alger, soit. . . . . . . . . . . . . . . . . . . . . . . . . . 362.000 »

D'où un excédent de dépenses de. . . . . . 173.200 »

M. Jacques compense cet excédent par :

1° Le crédit porté sur le budget de 1897 pour le transport des condamnés qui se sont pourvus en appel et des gendarmes qui les accompagnent (aller et retour) est de. . . . . . . . .   62.000   »

Ces transports, à raison de la suppression ou de la diminution des distances, seraient, d'après son calcul, réduits dans la proportion des quatre cinquièmes, d'où une économie approximative de . . . . . . . . . . . . :. . . . 50.000 »

2° Économie réalisée sur l'indemnité et les frais de voyage accordés aux conseillers qui vont présider les Assises à Oran, Bône et Constantine (décret du 7 septembre 1896), évaluée par M. Jacques à. . . . . . . . . . . . . . . 10.000 »

A Reporter. . . . . . .   60.000   »

Report......      60.000  »

3° Abréviation de la durée des préven-
tions qui donnera une économie de........    20.000  »

4° Économie réalisée sur la création
d'une cinquième Chambre à Alger (création
insuffisante pour assurer le service, mais indispensable, à défaut des créations projetées).    55.500  »

5° Augmentation du nombre des appels,
d'où bénéfice pour l'État (timbre, amende,
enregistrement) au moins................    50.000  »

D'où un total de...................    185.500  »
plus que suffisant pour couvrir l'excédent de dépenses occa-
sionné par l'institution de deux Cours d'appel à Oran et à
Constantine.

Il y aurait même ................    185.500  »
                         173.200  »

un boni de ...........................    12.300  »

Les chiffres portés au compte dressé par M. Jacques ne s'é-
cartent de ceux indiqués dans le rapport de M. Isaac qu'à raison, comme il le fait justement remarquer, des documents où ils
ont été puisés. M. Isaac a pris pour base les statistiques de
1885. M. Jacques a pu s'entourer des renseignements plus ré-
cents et se rapportant à la situation existante au moment de la
confection de son projet, dans les tableaux statistiques parus à
cette époque.

Nous observerons que, depuis lors, le chiffre des appels a
considérablement augmenté au civil et au petit criminel et que,
par conséquent, à l'heure actuelle, les évaluations de M. Jacques se trouveraient, relativement aux économies à faire et aux
recettes à réaliser, fort au-dessous de la vérité.

Nous avons constaté plus haut cette marche ascendante

sur le tableau des affaires correctionnelles jugées pendant les années 1895, 1896 et 1897 par le seul Tribunal correctionnel de Constantine.

Étudions à notre tour, non plus comme M. le sénateur Jacques, au point de vue général de la création des deux Cours d'Oran et de Constantine, mais au point de vue particulier de l'institution d'une Cour à Constantine, les ressources dont nous disposons.

M. le sénateur Jacques, dans l'évaluation à laquelle il s'est livré, a posé en principe que la Cour future de Constantine devrait être composée de deux Chambres, et dans le ressort de sa juridiction, il a fait entrer la Tunisie. Nous estimons, comme lui, que la Tunisie doit être rattachée à la Cour de Constantine. Il paraît impossible qu'il en soit autrement, à moins qu'une Cour ne soit instituée à Tunis pour les affaires de la Tunisie. Mais il n'est pas douteux que sans l'adjonction de la Tunisie, la future Cour d'appel de Constantine devra être composée toujours de deux Chambres.

Raisonnant dans cette hypothèse, nous disons :

La Cour d'Alger coûte actuellement...		362.200	»

Réduite à deux Chambres, elle coûterait....................................	202.500	»

D'où une économie de..............	159.700	»

La Cour d'Oran devra coûter, avec une Chambre, d'après le calcul du sénateur d'Oran............................	136.200	»

La Cour de Constantine, avec deux Chambres, coûtera....................	196.500	»

D'où une dépense totale de..........	332.700	»

Prenons, sur l'économie réalisée par la suppression des
deux Chambres de la Cour d'Alger, le chiffre ci-dessus indiqué,
représentant cette économie,
soit...................          159.700   »

Ces 159,700 francs serviront à payer les
dépenses de la création de la Cour d'appel
d'Oran, qui ne s'élèvent qu'à 136,200 francs,
et nous obtiendrons même un excédent de...          23.500   »

A ce chiffre, il convient d'ajouter la dépense qu'occasionnerait la création d'une 5e
Chambre à la Cour d'Alger...............          55.500   »

Les conseillers à la Cour d'Alger qui
viennent présider les Assises à Constantine et
à Bône ont droit à 20 francs par jour du moment de leur départ d'Alger jusqu'à celui de
leur rentrée. Ils touchent, de plus, 200 francs
par session à Constantine, 250 francs par session à Bône. Il y a en moyenne douze sessions à Constantine et quatre à Bône. Il y aurait là à effectuer une économie d'au moins
10,000 francs.

$200 \times 12 = 2,400$ francs. $\Big\}$  3.400   »
$250 \times 4 = 1,000$ francs.

20 francs par jour donnent, par mois,
600 francs.

Lesquels, multipliés par 12 = 7,200 fr.,
ce qui donne un total de................          10.600   »

Le transport des appelants détenus, de
Constantine à Alger, de Sétif à Alger, avec
l'escorte de gendarmerie, aller et retour ;

Le transport des condamnés qui vont as-
sister à l'entérinement des lettres de grâce
peut être évalué au moins à..............          40.000   »

                                        ————
A Reporter......          129.600   »

Report......     129.600  »

(Le transport des détenus appelants de Sétif à Constantine sera effectué sur 156 kilomètres, au lieu de 308 kilomètres existant entre Sétif et Alger).

Économie des témoins cités devant la Chambre des appels correctionnels qui ne quitteraient pas Constantine ou qui iraient à Constantine, au lieu de se rendre à Alger, en partant des divers Tribunaux de l'arrondissement...................................... *Mémoire*

La durée des préventions qui seront trois fois moindres, puisqu'il y aura trois Chambres d'accusations, au lieu d'une, et que les dossiers seront examinés sur place, au lieu d'être transmis à Alger. Ici, le nombre des accusés est à multiplier par le nombre de jours de prévention en moins. La journée de prison coûte à l'État 0 fr. 40 par prisonnier.

En 1896, il y a eu 281 accusés.

En 1897, il y en a eu 282.

Ce chiffre sera de beaucoup dépassé en 1898 qui comptera, suivant toute probabilité, 15 ou 16 sessions.

Prenons le chiffre de 282 accusés fourni par la statistique la plus récente. La durée moyenne des préventions, en ce qui concerne les accusés, est de neuf mois au moins. Or, le tiers de neuf étant de trois mois, soit 90 jours, nous obtenons par individu inculpé de crime une économie de 0 fr. $40 \times 90 = 36$ francs, lesquels, multipliés par 282, donnent un produit de..................................    10.152  »

A Reporter......     139.752  »

Report...... 139.752 »

Le séjour à Alger des détenus appelants du département de Constantine qui attendent dans la maison d'arrêt le résultat de leur appel occasionne à l'État une dépense assez sérieuse.

Ils doivent attendre d'abord le jour où leur affaire sera appelée à l'audience de la Cour ; puis, quand la Chambre d'appel a prononcé, le départ de la correspondance de gendarmerie.

Cette double attente dure parfois des mois entiers.

La dépense de l'État peut, dans ces conditions, être évaluée à 5,000 francs au moins.

D'où une économie de.................	5.000 »

Les traitements des assesseurs musulmans, à supprimer par voie d'extinction (décret de 1887), s'élèvent, pour le département de Constantine, à :

| | | |
|---|---|---|
| Constantine......... | 2.100 | » |
| Batna ............. | 1.800 | » |
| Bougie ........... | 1.800 | » |
| Philippeville........ | 1.800 | » |
| | 7.500 | » |

L'assesseur de Guelma a été pourvu d'un office de cadi ; celui de Bône est mort ; celui de Sétif a été révoqué.

A Reporter...... 144.752 »

Report......   144.752   »

On pourrait pourvoir les assesseurs musulmans restant encore de Mahakmas.

La plupart, pour ne pas dire tous, ne demanderaient pas mieux. L'assesseur de Constantine postule depuis longtemps pour un poste de cadi (cette demande est loin d'être isolée), d'où une économie de...........   7.500   »

L'augmentation des recettes de l'Etat, par suite de la progression constante du chiffre des appels au civil, au commerce et au correctionnel. M. Jacques·table sur 50,000 francs (timbre, papier, enregistrement, amendes); mais, encore une fois, la situation s'est modifiée depuis le dépôt de son projet de loi, et nous croyons, sans crainte d'être contredit par l'honorable sénateur, que son évaluation se trouve aujourd'hui très inférieure à la réalité. Nous estimons que cette recette éventuelle doit être portée au moins à 75,000 francs, et nous avons la conviction de rester encore bien au-dessous de la vérité.

Sur cette somme, le département de Constantine, avec ses neuf Tribunaux (onze, si l'on y ajoutait la Tunisie), figurerait au minimum pour 45,000 francs; mathématiquement, il devrait figurer pour les deux tiers, d'où une économie de...................   45.000   »

Total, sauf mémoire...............   197.252   »

Ainsi, sans tenir compte des économies produites par le rattachement de la Tunisie à la Cour de Constantine, nous dépassons encore le chiffre de dépenses, 196,500 francs, qui seraient nécessaires, d'après M. Jacques, pour organiser cette Cour en la composant de deux Chambres.

L'adjonction de la Tunisie, c'est-à-dire de près de deux millions de justiciables, amènerait une abréviation importante dans la durée des préventions, en ce qui concerne les accusés et les appelants de cette immense région, distante d'Alger de plus de 900 kilomètres. Elle augmenterait dans des proportions incalculables le chiffre des appels et, par conséquent, les produits du timbre, de l'enregistrement et du service des amendes.

En fixant ces économies et ces recettes à 100,000 francs, nous avons conscience de nous tenir en deçà des éventualités à prévoir.

Le rattachement de la Tunisie au futur ressort de la Cour de Constantine serait, au point de vue budgétaire pour l'État français, une source de revenus dont l'importance irait croissant chaque jour.

Un intérêt national de premier ordre semble imposer ce rattachement. Il est inutile d'insister sur ce point, puisque la Tunisie a été placée déjà dans le ressort de la Cour d'Alger. Si l'on doit créer la Cour de Constantine, il n'est plus possible, évidemment, que les justiciables de la Tunisie soient astreints à faire la route d'Alger, alors qu'ils peuvent s'arrêter au tiers de la route, à Constantine.

Il devient superflu, après ce qui a été dit plus haut, d'envisager l'hypothèse de la création à Constantine d'une Cour d'appel comprenant une seule Chambre. Cette organisation donnerait, il est vrai, un excédent de recettes de plus de 66,000 francs, mais elle n'assurerait que bien difficilement le fonctionnement régulier du Service judiciaire et la prompte et consciencieuse expédition des procès en cours.

La question budgétaire a, certes, une grande importance ; nous l'avons minutieusement étudiée, comme on a pu voir, et nous croyons l'avoir résolue, sans beaucoup de peine, d'ailleurs. Toutefois, il faut convenir qu'elle est secondaire. L'intérêt des justiciables, la bonne administration de la Justice civile et criminelle, doit être, nous semble-t-il, l'objet principal et le premier souci du législateur français.

C'est donc en toute confiance que nous venons, avec l'assentiment unanime de deux départements algériens, de tous leurs corps élus et le concours de personnalités éminentes de la métropole, répéter encore, après vingt ans d'attente vaine, le vœu formulé tant de fois en faveur de l'établissement d'une Cour d'appel au chef-lieu du département de Constantine.

En conséquence, j'ai l'honneur de vous proposer l'adoption du vœu suivant :

**Le Conseil émet le vœu qu'une Cour d'appel, comprenant dans son ressort les Tribunaux de Constantine, Bougie, Sétif, Batna, Bône, Guelma et ceux de Tunis et de Sousse, soit créée à Constantine.**

Le Rapporteur,

Signé : **G. GRASSET.**

———

*M. le Maire, au nom du Conseil, adresse des félicitations à M. Grasset pour le rapport si complet et si documenté dont il vient de donner lecture.*

*Il met aux voix les conclusions du rapport, ainsi que le vœu qui l'accompagne.*

*Ils sont adoptés.*

*Le Conseil décide, en outre, l'impression du rapport de M. Grasset.*

. . . . . . . . . . . . . . . . . . . . . . . . . . . . . . . . . . . . . . . . . . . .

(SUIVENT LES SIGNATURES).

*Pour extrait conforme,*

Le Maire,

E. MERCIER.

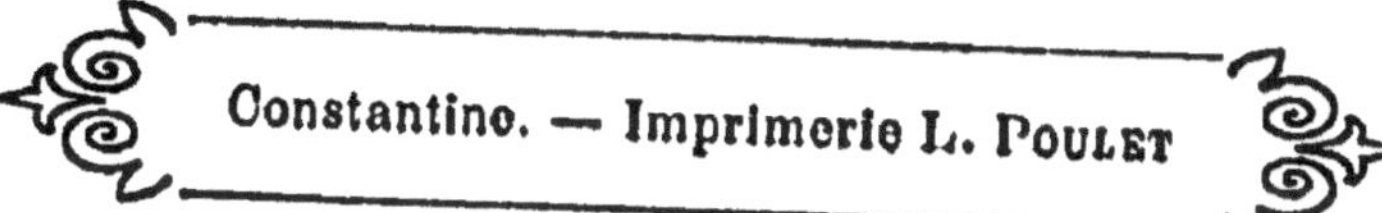

Constantine. — Imprimerie L. POULET